HEINRICH LOTTER

Ein Bodenseemaler

1875 – 1941

Verlag Stadler

Stadler Verlagsgesellschaft mbH, Konstanz 1994
© Copyright by Verlag Friedr. Stadler
Inh. Michael Stadler

Zusammenstellung und Text:
Lore Lotter, Insel Reichenau im Bodensee

ISBN 3-7977-0294-9

Dem Andenken unseres Vaters

*Liebe zu See und Landschaft
prägte den Maler Heinrich Lotter*

Als Heinrich Lotter, ein Schulbub noch, mit seinem Bleistift alles erfaßte, was vor seine hungerigen Augen kam, daheim und auf Ausflügen mit seinem reisefröhlichen Onkel, brannte in ihm der sehnlichste Wunsch, wandern zu dürfen über die weite Welt und ihre Schönheit im Bilde einzufangen.
Es sah in seiner Jugend gar nicht danach aus, als sollte sich sein Wunsch erfüllen. Wenn auch der Student der Rechte keinen Ausflug versäumte, zu dem sich eine Gelegenheit bot, wenn er von seinem Studienort auf großen Umwegen heimwärts zog und so ein schönes Stück Welt kennen lernte von Kopenhagen bis Budapest, wenn er auch immer sein Skizzenbuch bei sich trug und eifrig benützte, so war sein Studium, zu dem ihn sein Vater bestimmt hatte, nicht dazu angetan, seinen Wunschtraum zu erfüllen. Erst später, nachdem er den Beruf eines Rechtsanwalts mehrere Jahre hindurch ausgeübt hatte, machte er, von seiner kunstverständigen Frau lebhaft unterstützt, einen endgültigen Strich unter dieses Leben, das ihm wenig entsprach, ergriff den Pinsel und widmete von nun an alle Kraft seiner künstlerischen Tätigkeit. Er wählte damit kein bequemes und kein sorgloses Leben, gelangte aber durch viele Mühe und unvorstellbaren Fleiß zu jener meisterlichen und ganz besonderen Art, Dinge und Landschaft zu sehen und ins Bild zu bannen.
Hand in Hand mit seinem Beruf wurden ihm schöne Reisen beschert, und wenn ihm auch nicht vergönnt war den Zuckerhut bei Rio de Janeiro kennen zu lernen, der es ihm angetan hatte, von Alexander von Humboldts Kosmos sehr begeistert, so hat sein Malerauge in der nahen und ferneren Heimat, in verwunschenen Winkeln alter Städte, auf freien Höhen und in stillen Tälern, in entlegenen Bergnestern Italiens und auf einsamen Paßstraßen des Hochgebirges so vieles in sich aufnehmen dürfen als seine unermüdliche Hand nur irgend verarbeiten konnte.
So ging dieses Lebens tiefste, geheimste Sehnsucht in Erfüllung. In vielen Häusern und in den Händen vieler Menschen sind nun seine Werke, sind Zeugnisse eines erfüllten Lebens.

Nur einem Zufall verdanken wir die beiden Selbstbildnisse. Der Karlsruher Kunstverein rief zu einer Schau auf unter dem Motto: Künstler sehen sich selbst. „Dafür habe ich nichts", bedauerte Heinrich Lotter, der sonst immer etwas zu den Karlsruher Ausstellungen geschickt hatte. „Male etwas", sagte seine Frau. Und er tat es. Es machte ihm Spaß, Neuland zu erobern und zweifach packte er seine Aufgabe an.
Am Ausgang der Ausstellungsräume lag eine Liste aus, damit die Besucher eintragen mögen, welches Kunstwerk ihnen am besten gefallen habe. Dabei erhielt das Bildnis des Künstlers, wie er vor See und Hohentwiel auf seinem Klappstühlchen sitzt, den zweiten Preis.

Ein Selbstbildnis – nur Selbstbildnis?
Ist da nicht mehr gesagt
und durch ein wenig Nebenbei?
Der Künstler bei der Arbeit
– die Arbeit ist ihm wichtig –
und auf dem Stühlchen sitzend,
das ihm ständiger Begleiter ist.
Er weilt am See, ein Segel schwimmt darin,
die Hegauberge säumen sein Gestade.
Der Hut fehlt nicht, noch Zigarette,
noch geknüpfter Schlips,
auch steckt der Siegelring am linken Zeigefinger.
So ist er vor uns, wie er einstens war.

Selbstbildnis mit Hohentwiel, getönte Zeichnung, 28×40 cm

Haus Lotter, getönte Zeichnung, Originalgröße (beschädigt)

Am Bodensee steht das Malerhaus von Heinrich Lotter, am Südufer der Insel Reichenau, wo der junge Rhein zum lieblichsten See erweitert Berge und Dörfer und Rebgelände in seinem Spiegel umschließt. Hier steht sein Haus; es leuchtet durch viele Fenster der Himmel herein und die Treppe, die vom Wohnzimmer in den Garten führt, geht geraden Weges in den See hinunter. Rosen ranken an der Südwand empor und eine Birke hängt ihr zartes Geäst übers Dach.
Das ist des Künstlers vielgeliebte Heimat.
Er stammt zwar nicht aus dieser Gegend, sondern von Stuttgart, aber die Bodensee-Insel ist ihm Heimat geworden in jenem höheren Sinn, in dem er hier die Landschaft fand, die seinem Wesen entsprach und sein Künstlertum reifen ließ.
Im Malerhaus am See war oft ein lebhaftes Kommen und Gehen, denn viele fanden dorthin, die den Meister verehrten, weil seine Kunst sie beglückte. Wie mancher hat übers ganze Jahr gespart, um sich ein Bild zu erwerben, das ihm dann, je öfter er es betrachtete, um so lieber wurde, „daran er sich nie satt sehen konnte", wie dem Künstler oft aus dankerfülltem Herzen versichert wurde.

Die Gattin des Künstlers, Bleistiftzeichnung, Originalgröße

Das Malereck bei Langenargen, getönte Zeichnung, 26×17,3 cm

Er hat die Welt geliebt, die schöne Gotteswelt mit ihrer weiten Landschaft, mit Bergen und Gewässern und den bunten Dörfern darin, hingestreut zwischen Wäldern und Flüssen. Jedes Blümlein liebte er, die kleinen Pfade und von Wellen bespülte bunte Kiesel; der alten Städte steile Gassen eingeklemmt zwischen Berg und Bach; Brücken breit und gefällig von Ufer zu Ufer gestemmt; trutzige Burgen hoch über des Stromes Spiegel; die stille Gelassenheit vielästiger Bäume, die Hainbuchen der Alb, die Birken am Wege und am Gestade des Sees Pappeln und Weiden. Weil er das Große so groß erschaute, durfte er hinabsteigen zu allem Kleinen und Kleinsten, ohne Gefahr sich daran zu verlieren.

Das ist das Wunderbare an seiner Kunst, daß ein Bild, das uns die Größe der Welt erschließt nicht des Blättleins entbehrt am Gestrüpp des Weges, die Möwe nicht über der Fläche des Sees noch die kleinen Kiesel und Pföstchen am Ufer. Man möchte die schmalen Wiesenwege gehen, die unter dem hohen Himmel liegen oder in die Bäume klettern, die im Abendsonnenschein aufleuchten, man möchte hinauffliegen in den blauen Himmel zwischen die zarten, zarten Wölkchen hinein. So große Sehnsucht erwecken diese Bilder, weil sie trunken sind von Schönheit.

Das Hochwasser war im Juli 1926 in den Garten gedrungen und umspülte die blühenden Rosenbüsche an der Ufermauer.

Rosen am See, Ölgemälde, 50×65 cm

*Das Schwäbische Meer,
Blick von Meersburg auf den See,
Ölgemälde, 100×70 cm*

Dem flüchtigen Beschauer mag das Bild wie ein Farbfoto erscheinen; doch betrachte er es genau: die dunklen kräftigen Farben des Vordergrundes betonen die Nähe, die unzähligen, feingestuften Tönungen des spiegelnden Wassers führen in die Ferne, der zarte Hauch des Gebirges, die schwebenden Wolken rahmen die weite, sich dehnende Fläche des Sees ein und der Duft, der über alles gebreitet ist, rundet die bildhafte Wirkung bezaubernd ab. Um dies zu erreichen baut der Künstler sein Bild in drei Schichten auf, baut es so, daß Vorder- und Hintergrund den Blick hinführen zum Mittelgrund, dem eigentlichen Herzstück, das somit ungemein zu fesseln weiß. Wie ein Kleinod glänzt es zart, dieses Lebendigste, fühlbar Vibrierende, und wird durchscheinend in dem unerhörten Reichtum seiner vielfältigen Farbigkeit zu unendlicher Feinheit gesteigert. Würdig umrandet es der klare deutliche Vordergrund, der kräftig im Farbton trotz aller Genauigkeit nicht stofflich wirkt, nicht hart, sondern funkelnd. Der Hintergrund über der zarten Mitte schwebend, klar und bestimmt und deutlich erkennbar wie auf Porzellan gemalt, bildet den betonten Abschluß, wenn auch nicht so greifbar wie die vordere Nähe. Diese meisterlich abgestimmte Umrahmung erhöht den Duft und Zauber des Mittelraumes; der zitternde Spiegel, der ätherische Glanz des Wassers, das fast Unmerkliche, kaum Erkennbare seiner Differenziertheit erfaßt gerade dadurch das Wesen dieser Landschaft.

Was Gottfried Keller empfiehlt:

*Trinkt, o Augen, was die Wimper hält,
von dem goldnen Überfluß der Welt!*

gilt nicht nur für die Natur-, sondern ebenso für die Kunstbetrachtung. Der aufmerksame Beschauer wird immer wieder Neues und Fesselndes entdecken.

Das alte Brückchen, das die künstlich aufgeschüttete Allee vom Festland her über den Bruckgraben hinweg mit der Insel Reichenau verband, mußte vor einigen Jahren einer breiten Autobrücke weichen.

Der „Bruckgraben", getönte Zeichnung, Originalgröße

Blick auf Friedrichshafen von Immenstaad aus, getönte Zeichnung, Originalgröße

Gewiß ist es Gnade, als Künstler wirken zu dürfen, aber ist es nicht auch Verdienst? Kunst muß errungen werden durch Fleiß und rastloses Streben. Im Leben eines Künstlers, wie im Leben jedes intensiv und schöpferisch schaffenden Menschen überhaupt, trennt sich nicht Arbeit und Feierstunde, nicht Meister und Mensch, da ist nur eines, das Werk und letzte Hingabe an das Werk. Immer greift die Hand zum Stift, am Werktag und Festtag, am Feierabend und auf jeder Reise, da erst recht! Man muß vieles betrachtet, erfaßt und gezeichnet haben, damit ein Bild von jener Vielfalt und Klarheit entsteht, wie etwa „das Schwäbische Meer" (Seite 11) oder „Herbstfreude" (Seite 19), oder sonst eines, ein lang erarbeitetes umfangreiches, oder ein rasch und flüchtig hingeworfenes. Denn man bedenke: der Künstler ist nicht nur Schöpfer, sondern auch Handwerker; und wenn er in der Lage ist, eine Stimmung rasch festzuhalten, eine Skizze gleichsam aus dem Ärmel zu schütteln, dann doch nur deshalb, weil zu der künstlerischen Eingebung sein Können, sein handwerkliches Können kommt, weil er sich schon an vielem Ähnlichen versuchte und erprobte. Durch mannigfaltige Erfahrung weiß er, worauf es ankommt, um eine gewünschte Wirkung zu erzielen. Wie es vom guten Mechaniker heißt: gewußt wo, so läßt sich vom Künstler sagen: gewußt wie, vom Künstler, dem Könner, denn Kunst kommt von können!

In früheren Zeiten entwuchs die Kunst ausnahmslos dem Handwerk. Es gab auch keine Kunstschulen, sondern die Werkstätten der Meister, in denen die Lehrlinge das Handwerk erlernten. Ein sehr guter Handwerker, ein außerordentlicher Könner kommt allmählich von selbst zur Kunst, nicht nur bei Malern, Bildhauern und Baumeistern, sondern auch in der Musik, wo mancher als Stadtpfeifer oder Chorknabe begann. Man blättere in den Mappen von Heinrich Lotter, um zu erkennen wie reich nicht nur sein Schaffen, sondern auch sein Können war.

*Was aber schön ist,
selig scheint es in ihm selbst.*
Eduard Mörike

An der Donau, Ölgemälde, 34×46,5 cm

Harburg an der Wörnitz, getönte Zeichnung, 30,6×36 cm

Hof mit Wagen, Bleistiftzeichnung aus der Studienzeit

Heinrich Lotter hat selten Menschen gemalt und dann auch nie um dieser Menschen willen, sondern er hat sie nur wie ein Schmuckstück in die Natur gestellt, wie eine Möwe über das Wasser oder das Schwälbchen auf den Telegraphendraht. Er hat nicht den Menschen gesucht und nicht vom Menschen gesprochen in seiner Kunst, und hat doch vor uns den ganzen Empfindungsreichtum des Menschenherzens ausgebreitet. Er hat nicht geredet, er hat dich still an der Hand genommen, dich an den See geführt, damit du sein blaues Leuchten gewahrtest und er hat vom Wiesenweg aus das Dörfchen betrachtet – und wie du da neben ihm standest, hast du das Schauen gelernt, nahmst die vielen Dinge erst richtig wahr: das Gekräusel des Wassers, in dem die Entchen plätscherten, den Spiegel der Wolken im See, die Farbigkeit alten Gemäuers, die Buntheit eines Lattenzauns, violette Schatten der Berge und die flammende Orgie der Abendröte.

*Einsamkeit,
nach Naturskizzen
in der Malstube gearbeitet,
Ölgemälde, 75×45 cm,
darunter eine Skizze*

Die Skizze hat einen Reiz, der dem besten Gemälde abgeht.
                                            Ernst Beutler

Es ist das Schwerste aber Notwendigste, in der Ausführung die Skizze zu bewahren.

Die Skizze ist ja die erste Liebe mit allem Rausch und Taumel, Entzücken und Furcht.   Wolfgang Götz

An einer Skizze hängt aller Duft und Zauber der ersten Liebe.

Wattschiff, getönte Zeichnung, Originalgröße

Auch über das Haus am See fegen die Herbststürme. Unentwegt toben sie Tag und Nacht. Weit kommen sie her vom fernen Meer, rasen durch Frankreich, über den Schweizer Jura und sind nicht müde gelaufen, wenn sie die Uferberge erreichen. Neuen Anlauf nehmen sie dort, stürzen mit Ungestüm hinab zum See und brausen über die weite Fläche um an der Insel anzuprallen, gerade dort, wo das Malerhaus steht. Die Stürme schütteln die Birke, verfangen sich in der Tanne und schlagen die Nußbaumäste an die Hauswand. Durch die Fenster pfeifen sie, trompeten durch jede Ritze.

Drinnen sitzen wir fröstelnd, nicht Vorhang noch Fenstermantel hält des Windes kalten Atem ab. Dicht drängen wir uns um den Erkertisch, unlustig und seufzend. Vater schaut auf, schaut uns an und in plötzlicher Abwehr gegen diesen Unmut, der da aufkommen will, beginnt er zu erzählen: von seiner Jugend und von großen Städten, von schönen Reisen in den ersten Jahren seiner Ehe, da er die geliebte Frau noch für sich hatte ohne Kindergeschrei und Kindersorgen. „Den Ring haben wir damals gesehen – in Rom." Die Kinder lauschen. Seine Lebhaftigkeit bleibt nicht lang bei Siegfried und den Walküren, sie wechselt bald hinüber zu Zauberflöte und Fledermaus und dann geht er ans Klavier und spielt den Walzer aus der Puppenfee. Die Kinder fragen: was ist das: Theater, und sie fragen, was ist ein Ball? Der Vater erzählt und erklärt und erzählt und dann spielt er Walzer auf Walzer. Er nimmt die Mutter an der Hand, indes die andere Hand noch weiterspielt und löst sich bald ganz vom Klavier, führt summend und pfeifend die hinreißenden Melodien weiter mit der Mutter tanzend und die Kinder springen sich drehend und jauchzend um die fröhlichen Eltern herum.

Am andern Morgen scheint die Sonne, strahlt über den blauen See, über die bunten Wälder der Uferberge, über die letzten zerzausten Rosen im Garten. „Haben wir es nicht schön?" fragt der Vater. Aber die Kinder hören ihn schon nicht mehr, sie eilen zum See hinunter mit ihren Schiffchen zu spielen.

Herbstfreude, Am Ufer der Insel Mainau mit Blick zur Klosterkirche Birnau, Ölgemälde, 70×40 cm

Nicht Skizze, sondern Andenken, auf offener Postkarte der fernen Tochter aufgezeichnet und zugesandt, weil das Bild verkauft wurde, ehe sie es gesehen hatte.

Immenstaad, getönte Zeichnung, 21,5×28,5 cm

Im Grunde seines Herzens war der Maler Heinrich Lotter ein Zeichner. Schon von früher Jugend an war er unzertrennlich von Skizzenblock und Zeichenstift, bannte alles aufs Papier, was ihm vor die Augen kam: Bäume und Häuser, alte Gartenzäune, das Dächergewirr enger Städtchen, Pfosten und Steine am Strand und die Gräser am Wege.

Als Meister der Form drängte es ihn dann zur Farbe. Zuerst legte er nur einen Hauch von Wolke in den Himmel, einen Schimmer von Blau über den See, einen Tupfen Weiß auf das Segel, ein paar Fleckchen Grün in die Wiese, ins Gezweig.

Mit den Jahren wurden seine Blätter immer bunter ohne den Charakter der Zeichnung zu verlieren, wurden durch die Farbe leichter, voll Duft, hingehaucht in zarter Klarheit.

„Getönte Zeichnungen" nannte er sie, in ihnen seine eigene Technik entwickelnd.

„Bei Martz habe ich in Papier geschwelgt", schrieb der Künstler aus Stuttgart, „ich habe mir viel Tonpapier gekauft, daß ich's kaum schleppen konnte, grau und braun und gelb und grün, jetzt kann ich 420 kleine Zeichnungen machen."

Dazu muß verraten werden, daß ein Geheimnis der zarten Zeichnungen der Farbton des Papiers ist. In seinem Zeichenschiebeblock trug Heinrich Lotter nämlich möglichst viele verschiedenfarbige Papiere mit sich. Ehe er sich vor einem Motiv an die Arbeit machte, wählte er aus: nahm dieses zarte Grau zur Hand, griff nach jenem dunkleren, ließ den Blick über ein weiches Blaß-grün gleiten, hielt das Sandfarbene vor sich hin, bis er den richtigen Farbton hatte, der zu Motiv und Stimmung am besten paßte. Jetzt erst kam der Bleistift dran, der nadelfeingespitzte, und wer gerade bei ihm war, hatte laufend zu tun mit Bleistiftspitzen. War die Zeichnung fast fertig und kam der Pinsel an die Reihe, war schon die wesentliche Farbe da, es wurden nur noch ein paar Lichter aufgesetzt, blasse Aufhellungen, farbige Schatten, ein paar dunkle Ruhepunkte.

Durch diese Art, den Farbton des Papieres ins Bild mit einzubeziehen, wurde mit sparsamen Mitteln eine ganz besondere und zarte Wirkung erreicht.

Blick zur Reichenau, getönte Zeichnung, 28,5×19,5 cm

Der letzte Schnee, getönte Zeichnung, 28×19 cm

Der Lukmanier, ein Paß der Zentralalpen, Ölgemälde, 39×30 cm

„Alle Kunst ist Verwandlung, deshalb kann kein Ding der Kunst natürlich sein, es darf es nicht sein, anders es keine Kunst mehr ist. Dagegen scheint es mir die letzte und höchste Form des fertigen Kunstwerkes zu sein, wenn es aus seiner jenseitigen Verwandlung zurückkehrend, die Selbstverständlichkeit der Natur annimmt, ohne naturalistisch zu werden, weil es immer noch von dem Atem einer anderen Welt bewegt wird."

Gustaf Gründgens

Was hier Gründgens darlegt und Verwandlung nennt, meinte auch Heinrich Lotter, wenn er seinen gelegentlichen Zuschauern oder Besuchern erklärte: Kunst ist Übersetzung. Denn er zeichnete die Natur nicht einfach ab, er übersetzte das, was er sah in Linie und Farbe; nicht jedes Blatt, nicht jeden Zweig eines Baumes übertrug er auf sein Papier – doch so viele, damit der Eindruck entsteht: das ist ein Baum mit allen seinen Blättern und Zweigen. So ist es auch mit der Wellenbewegung des Wassers, mit den Kieseln am Strand: da werden einige Kiesel klar und deutlich und jedem auf den ersten Blick erkennbar in das Bild gesetzt, nicht zu viele, damit das Auge des Beschauers nicht ermüdet, aber auch nicht zu wenige, damit der Eindruck der in Wirklichkeit unzählig vielen erhalten bleibt; eben das, was Gründgens als Selbstverständlichkeit der Natur bezeichnet. Es kommt ja nicht alles ins Bild, was wirklich da ist, sondern nur so viel, daß der Betrachter das Gefühl hat, es fehle nichts.

Dazu kommt noch ein Anderes von Gründgens poetisch ausgedrückt: bewegt von dem Atem einer anderen Welt, nämlich von der geistigen, der schöpferischen Tätigkeit des Menschen, des Betrachters. Der Mensch, der im Laufe der Jahre unzählige Bäume sieht, bildet in sich eine Vorstellung: Baum! den Typus Baum. Das griechische Wort Typus bedeutet Abdruck, Abbild und ist auch gemeint als Vorbild, Musterbild – Urbild. Wenn nun ein Künstler einen Baum zeichnet, dann klatscht er ja den Baum nicht einfach ab, er photographiert ihn nicht, sondern er schafft jenes Urbild – Musterbild: Baum: Und dieses Schöpferische, das nur dem Menschen eigen ist, das nur möglich ist im Bereich des Geistigen, nennt Gründgens: bewegt von dem Atem einer anderen Welt.

Stein am Rhein, getönte Zeichnung, Originalgröße

Dem Frühling entgegen, Ölgemälde, 100×64 cm

*Frühling läßt sein blaues Band
wieder flattern durch die Lüfte –*

Wie liebte der Künstler dieses Mörike-Lied, das ihm am Untersee zum Erlebnis geworden war. Immer lag es ihm im Sinn, wenn er daran ging den frühlinglichen See ins Bild zu bannen.
Flattert es nicht in der Tat über seine Landschaften hin?

*Kunst gibt nicht das Sichtbare wieder, sondern macht sichtbar.
Paul Klee*

Was macht diese Bilder so schön?
Ist es die Weite, ist es die Ferne, oder ist es die trauliche Nähe der kleinen Dinge, die den Vordergrund zieren? Kann es das Schimmern des Wassers sein auf den Seebildern? Der grüne Duft der Bäume?
Jede Ferne ist weit, zieht uns hinaus, und dann weilt der Blick am Himmel: kein makellos strahlender Himmel, auf keinem einzigen Bilde; immer schwimmen Wolken dahin, bauen sich auf zu mächtigen Gebilden oder verfliegen in Zartheit, sanfte Schleier über der Landschaft, spielen um Bäume, leuchten über den Bergen, segeln lieblich dahin.
Was macht diese Bilder so schön?
Nicht nur Wolken und Gebirge und See, also das Darzustellende und Dargestellte, sondern die innere Einstellung des Künstlers zu dem, wozu er sich berufen fühlte. Mit Andacht betrachtete er die Landschaft, in Ehrfurcht vor der Natur machte er sich daran, das festzuhalten, was er sah, und er zeichnete darum auch nichts, was nicht da war. Wenn auf einem Bild der Säntis oder der Hohentwiel aufragt, dann ist er auch von jener Stelle aus sichtbar, an der das Bild entstand. Der Maler hatte oft lange gesucht, war geduldig immer wieder hin und her gegangen, bis er jene Berge in den Blick bekam. Da wurde nie gemogelt, wobei freilich je nach dem der Zweig eines Baumes weggelassen werden mußte, wenn er die Aussicht zu sehr verdeckte. Aus Ehrfurcht vor der Natur empfand der Künstler eine Verpflichtung ihr gegenüber und maßte sich nicht an, es besser zu machen. Er war ehrfürchtiger Diener der Natur, Diener der Schönheit der Natur und stellte deshalb sein Ich, seine Gefühlswelt zurück. So war er weder Impressionist noch Expressionist, nicht wie er es empfand, noch was er empfand, wollte er darstellen; sein ganzes Bestreben ging nur darauf aus, das Geschaute darzustellen, den Zauber einzufangen, der sich vor ihm kundtat. Dazu kam, daß er durch das viele Betrachten und Zeichnen zwangsläufig von Jahr zu Jahr mehr sah, alle feinen Verschiedenheiten einer Stimmung, einer Beleuchtung erkannte, die zartesten Abstufungen der Farbigkeit wahrnahm, wodurch ihm ganz von selbst gelang, sie malend immer sicherer zu treffen.

Der Säntis über dem Bodensee, Ölgemälde, 48×34 cm

Wetterwolke, Ölgemälde, 39,5×30 cm

Die Schiffslände der Insel Reichenau, Ölgemälde, 39×30 cm

Am Gestade des Sees steht ein Nußbaum. Weit reicht er seine Zweige hinaus über den Strand, und wenn der Wind in seinen Blättern leise spielt in heißer Mittagsstunde, dann schaukeln im See Sonnenlichter und Blätterschatten wellauf, wellab.
Da saßen wir manchmal, Kinder noch, versunken in dieses Sonnengeglitzer, träumten unser erstes Nichtstun in kindlichem Wohlbehagen in den blauen Sonnentag hinein.
Auch Vater war bei uns, doch nicht müßig. Er liebte das Geäst des Baumes, liebte das dunklere Wasser im Schutze seines Schattens, liebte den Duft des jenseitigen Ufers. Und eines Tages im Frühling, als der Lenz im Nußbaum raunte, schuf er ein Bild und nannte es
Andante, der Lenz *geht* durch das Land.

Vollkommenheit entsteht offensichtlich nicht dann, wenn man nichts mehr hinzuzufügen hat, sondern wenn man nichts mehr wegnehmen kann.

Antoine de Saint-Exupéry

Andante, getönte Zeichnung, 30×37,5 cm

Der Gnadensee, der nördliche Teil des Untersees, Ölgemälde, 77×50 cm

Sommertag, Ölgemälde, 75×60 cm

Der Hohenklingen über Stein am Rhein, getönte Zeichnung, Originalgröße

Radolfzell, getönte Zeichnung, 29×20 cm

*Die Insel Reichenau aus der Vogelschau, Ölgemälde, 165×110 cm
(Das Bild entstand im Auftrag der Bezirkssparkasse Reichenau,
und hängt dort im großen Schalterraum.)*

Am Ufer der Reichenau, Heinrich Lotters letztes Ölgemälde – unvollendet, 45×35 cm

Die Natur ist ja so reich, so mannigfaltig, daß der Künstler immer neu sein kann, wenn er sie genau studiert.
                                        Ludwig Richter

Eingang zum Schlößchen Hornstaad, getönte Zeichnung, Originalgröße

Ruine Hohentwiel mit Blick zum Untersee, getönte Zeichnung, Originalgröße

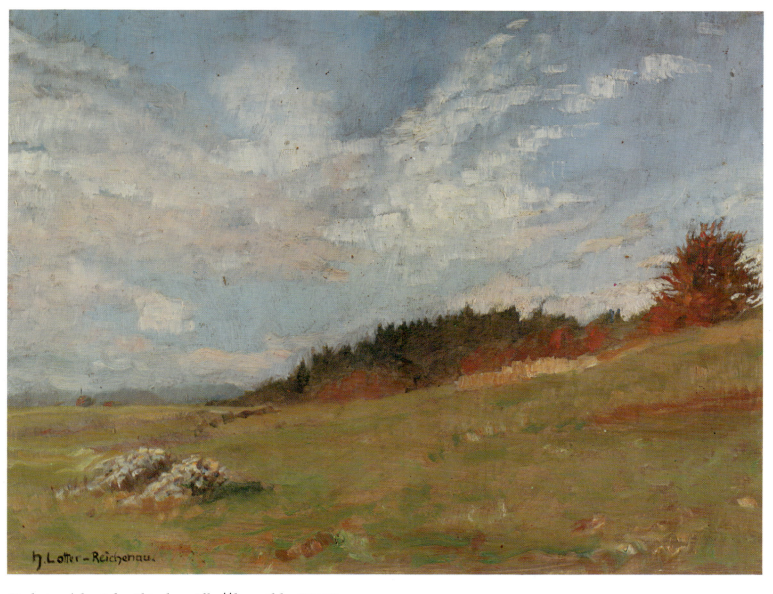

Herbst auf der Schwäbischen Alb, Ölgemälde, 39×30 cm

Blick auf Capri und die Halbinsel von Sorrent, getönte Zeichnung, 45×30 cm

Wir hatten auf einen guten Tag gehofft, denn der Vorabend war lieblich und mild gewesen. Es roch nach Frühling. Doch der Tag stieg trübe aus dem Meere auf, die Fischer zogen die Kähne ans Land, Maulesel wieherten und die Reisenden sagten die geplanten Ausflüge ab.

Wir aber zogen die Stiefel an, legten Regenmäntel um und wanderten los, aus Trotz, als könnten wir den Himmel zu Freundlichkeit zwingen. Aber es regnete. Naß waren die Straßen, und wir stapften durch Pfützen. Um ein Kap herum peitschte uns der Wind ins Gesicht. Wir schritten weiter auf der verlassenen Straße, die zwischen Meer und Felsen hängt, wir suchten ein Kleinod: Das Fischerdorf Cetara. Der Weg war weit von Amalfi. Um unzählige Bergvorsprünge schlang sich die Straße, in düstere Schluchten wand sie sich hinein, unten in der Tiefe heulte das Meer. Nichts Einsameres gibt es, nichts Verlasseneres als diese Einöde von Fels und Meer in Regen und Sturm. Alle frohen Gedanken zerrannen auf dieser Regenstraße.

Sollen wir weitergehen, frug der Vater. Wozu auch, war meine Antwort. Und wir gingen doch. Keiner hatte den Mut, umzukehren. So kamen wir nach Cetara. Ein schmutziges Dorf. Wilde Burschen bettelten uns an, gröhlten um uns herum, stundenlang, während Vater malte. Ich hielt den Schirm über die Staffelei. Eine Hauswand im Rücken bot keinen Schutz vor dem Winde, von allen Seiten her fegte er uns unter die Mäntel.

Schließlich trotteten wir wieder davon, von Kälte geschüttelt, zermürbt vom Geschrei der Kinder, angeekelt von dem Gestank umherliegenden Unrats. Unheimlich aus den Felsklüften kroch uns schon die Dunkelheit an. Wild und finster, fast dunkelviolett dehnte sich das Meer. Am Capo Tummolo, das die innere Bucht von Salerno abschließt, wendeten wir uns noch einmal um. Fern, fern auf dem Lande, jenseits des Golfs lag ein fahler Sonnenschimmer, ganz drüben im Osten zu Füßen der appenninischen Schneeberge leuchtete es plötzlich auf, leuchtete herüber aus den Nebelwänden, leuchtete über das düstere Meer und in die Öde des frostigen Abends hinein. Ein Wunder? Ein Traumbild? Nein!

Das sind, das sind ja die Tempel von Paestum!

Die schnellsinkende Nacht, die eisigen Winde und die schmerzende Nässe, die durch die Kleider sickerte, spürten wir nicht mehr. Wir hatten die Tempel von Paestum gesehen.

Torre del Greco am Golf von Neapel (rechts im Bild die Insel Capri), getönte Zeichnung, 28,5×21 cm

*Berichte von einer Italienreise
mit der Tochter*

Sorrento, 20. Februar 1927
An die Gattin
... bis jetzt haben wir nur gefaulenzt, d.h. wir sind eben jeden Tag von 9 Uhr morgens bis 6–7 Uhr abends ständig auf den Beinen. Und wenn man dabei alle 10 Minuten etwas ganz Neues sieht, so kannst Du Dir denken, wie es bei uns da aussieht, wie die Eindrücke eingedrückt werden.
Prachtvolle Wogen auf dem Meere, die sogenannte „Tramontana" (Wind von den Bergen, die verschneit sind), bei der die Italiener scheint's frieren, sie sagen immer freddo, wir sind offenbar doch abgehärteter.
Bis jetzt habe ich fast noch nichts gezeichnet, nur skizziert, gemalt noch gar nichts. Wenn morgen Montag die Sonne scheint, geht das Malen los; heute am Sonntag konnte ich nicht mit Staffelei anrücken, so waren wir auf Entdeckungsreise. Das Zeichnen ist sehr schwierig, weil die Natur – obwohl die Motive ungemein zeichnerisch sind – so bunt ist, daß die Übersetzung in Töne viele Probleme bringt.

Sorrento, 22. Februar 1927.   Hotel Paradiso.
Heute war Südwind, etwas frisch, dennoch zeichnete ich den ganzen Tag. Wir sahen wieder so viel Neues, daß wir nicht wissen, wann wir von hier weiterkommen. Trotz der Farbenpracht bei Sonnenschein, kann ich mich noch immer nicht zu der üblichen Anschauung bekennen, daß bei Grau-Wetter alles erst recht malerisch wirkt. Die Oliven sind eben bei Grau-Wetter nicht so fein silbrig und tonig wie bei Sonnenschein. Gestern stiegen wir wieder, nach dem die Sonne tiefer stand, in die Berge. Man ist im Nu so ein paar hundert Meter höher. Das Einzige, was mich hindert, ist der Schwindel. So war ich vorgestern abend nicht im Stand, bei den Trümmern einer römischen Villa ans Meer hinabzusteigen. Auch bei dem stundenlangen Felsenweg nach Positano (Straße, wo die Autos fahren) war es immer schwer, die 100 Meter senkrecht ins Meer hinab und die vielen 100 Meter senkrecht an den Felsen hinaufzusehen.
Es wird immer wärmer und täglich entdecken wir mehr Motive. Sorrent ist wirklich unerschöpflich, wir haben gar keine Sehnsucht, nach Capri zu kommen.

Sorrent
An den kleinen Sohn
Es ist hier ganz anders als Du Dir vorstellst. In weitem Umkreis ist Sorrent der erste Kurort, aber von Kurpromenade oder Konzert oder Musik keine Rede. In jedem Hotel sind 1 oder 2 Fremde, die meistens Brillen tragen, alt sind, weiblich, unverheiratet und englisch sprechen. Durch den ganzen Ort geht eine Straße, auf der alles liegt, was die Leute nicht mehr brauchen können. Auf der Straße schreit alles, Esel und Menschen und Autos. Radfahrer sieht man höchstens einen. Das Pflaster besteht aus großen Steinen, da die aber nicht so liegen wie sie sollen, kann man nicht radfahren. Viele Bäume haben ein Dach aus Stroh, darunter ist ganz dunkelgrünes Laub und tausende von goldenen Orangen. Unsere Orangenfrau auf dem Markt hat uns heute 7 große Orangen um 8 Pfennig verkauft. Es gibt hier viele Esel, wenn sie lachen, und das tun sie oft, macht das einen ungeheuren Lärm, so daß man meint, das Dampfschiff pfeift. Jeden Tag kommen zwei Dampfschiffe; wenn Du mit ihnen fahren willst, mußt Du zuerst in einen Nachen und zu dem Dampfer hinausfahren. Uns gegenüber sehen wir den Vesuv, der fortwährend raucht, und Neapel sehen wir alleweit vor uns auf der anderen Seite der Meeresbucht liegen. Schön ist's, wenn bei Nacht die vielen Lichter von Neapel glänzen, das jetzt beinahe eine Million Einwohner hat. Auf den Vesuv geht eine Bahn, die nachts beleuchtet ist. Sorrent ist wunderschön.

Capri, 14. März 1927
An die Gattin
Wir sind riesig begeistert, ich komme gar nicht weiter, weil ich alles zeichnen und malen möchte; auf der kleinsten Stelle kann man Meer und Felsen studieren. Ich zeichnete zwischen Booten an der Marina grande; es wuselte von Fischern und Fischerknaben, keiner sah mir zu, sie sind die Maler gewöhnt, in Sorrent und Umgebung war man umringt von Zuschauern. Wir sind vom Meer unmittelbar zur Straße nach Anacapri hochgestiegen, die phönizischen Treppensteige, Du kannst Dir nicht vorstellen, wie steil und schwindelig das war.

Die Marina grande von Capri, getönte Zeichnung, Originalgröße

Berichte von einer Italienreise mit der Gattin

Roma, 29. Januar 1939
Heute sind wir schon den dritten Tag in Rom. Am ersten Tag stiefelten wir kreuz und quer durch die Stadt und feierten Wiedersehen; gestern ging's nach Frascati und Albano, da war's noch wie vor 25 Jahren; heute haben wir zuerst Kirchen besichtigt, und was für wunderschöne!

Capri, 4. Februar 1939
Endlich sind wir auf der Märcheninsel gelandet. Auch kam bei unserer Ankunft herrliche, warme Sonne. Ich habe zwar wieder einen schlechten Magen und einen gemeinen Hexenschuß, aber sonst geht's gut. Gestern früh von Neapel über Castellamare di Stabia nach Sorrent und am andern Morgen hierher. In Sorrent war der Himmel bewölkt aber abends der Sonnenuntergang von unglaublicher Schönheit. Capri ist noch schöner als die Erinnerung versprach; ich habe gleich am reizenden Marktplatz gezeichnet. Die Felsen und das Meer sind ganz großartig und die Bauten und die Bäume, alles zusammen ist einzigartig. Es sind noch wenig Fremde hier.

Capri, 9. Februar 1939
Wir sitzen oben auf dem Monte Solaro. Morgen ziehen wir nach Anacapri, wo die Sonne noch ausgiebiger scheint und wir dem höchsten Gipfel Capris näher sind, wo ich malen will (Bild Seite 38).

Capri, 19. Februar 1939
Dies ist die Abschiedskarte von Capri. Wir waren sechs mal auf dem Solaro, leider konnte ich mit malen nicht so loslegen, wie ich wollte, wegen des Magens.

Amalfi, 22. Februar 1939
Gestern kamen wir von Capri hier an, vorgestern hatten wir großes Gewitter, gestern den ersten italienischen Regen (seit 4 Wochen in Italien).

Amalfi, 27. Februar 1939
Heute regnete es, das hinderte uns aber nicht, mit dem Autobus nach Prajano zu fahren und unterm Regenschirm nach Amalfi zurückzugehen; trotzdem war es wunderschön, wir sind beide begeistert vom Weg zwischen Prajano und Conca. Unsere Cantine von einst ist noch ganz so wie vor 12 Jahren. Das Meer war noch nirgends so schön wie vor Conca. Die Gegend von Amalfi ist pompös, der Blick von Sorrent und Capri auf den Golf von Neapel fehlt aber.

Amalfi, 1. März 1939
Nach Prajano wollen wir im nächsten Jahr (selbstverständlich auch nach Capri!) denn dort ist das Meer am blausten, die Schluchten am wildesten und die steilen Hänge von feinen Karuben (Johannisbrotbäumen) und Oliven bewachsen. Alles ist da, was ein Malerherz begehrt.

Spoleto, 5. März 1939
Wir haben lange nicht geschrieben, weil wir nirgends eine nette Karte fanden. Wir haben inzwischen die wunderbaren Tempel von Paestum gesehen und das frisch ausgegrabene Herkulanum, das unter der Lava viel besser erhalten blieb als Pompeji unter dem Aschenregen. Dann ging es von Neapel durch die Abruzzen nach Aquila und heute nach dem schönen Spoleto.

Florenz, 9. März 1939
Wir fuhren kreuz und quer durch Italien und sammelten Motive für spätere Malreisen, und auch sonstige Erfahrungen. Leider plagt der Magen sehr. Wir haben viel Schönes gesehen, feine Naturbilder im Apennin und großartige Bauten, alle auf den Kamm eines Berges hingestellt, mit kolossalen Unterbauten, trotzig und protzig und großartig. Die toscanische Landschaft ist reizend.

Schnellzug Bologna–Bozen–Innsbruck. 12. März 1939
Zum Schluß senden wir die Ansicht der Portone del Palazzo Communale in Perugia, man erkennt darauf nicht annähernd die wuchtige Größe des Portals, es sind Riesenbauten, so groß, daß sie gar nicht mehr begeistern. Gestern sahen wir in Florenz den ganzen Tag die Uffizien an, so daß die Lorenzkapelle leider schon geschlossen war. Hier in Bozen ist es kalt, die Züge von der Heimat her sind beschneit. Nun geht es heim zur Ruhe. Die Nacht durch sind wir in der Eisenbahn.

Im Hafen von Amalfi, Ölgemälde, 34×45 cm

Erinnerungen

Ich sah den Vater oft durch den Garten gehen, forschenden Auges nach dem See blicken, nach den Wolken und zum Ufer drüben, sah wie er das alles immer und immer wieder betrachtete, damit ihm nichts entgehe, diese Landschaft ihm ganz vertraut werde in ihrer wechselnden Stimmung und Leuchtkraft.

Ich kannte seine Haltung, wenn er in der Malstube bei der Arbeit war, immer wieder zurücktretend von seinem Bilde um es als Ganzes ins Auge zu fassen und dann wieder hinzugehen und weiterzumalen; ich kannte seinen Schritt, seine Stimme und sein frohes Lachen; jahrelang war ich um ihn, daheim und auf Reisen, wir sind zusammen gewandert, haben miteinander getanzt – er tanzte leidenschaftlich gern – habe ich ihn aber wirklich gekannt?

Ich liebte ihn, wenn er ganz vertieft über seinem Zeichenblock saß und Strich zu Strich fügte und man zusehen konnte, wie das Bild wurde; ich liebte ihn, wenn er abends am Familientisch vorlas oder erzählte, uns überschüttete mit seiner Fröhlichkeit und Begeisterung, wenn er lachte, Klavier spielte oder Witze zum besten gab – aber habe ich ihn gekannt und darf ich von ihm sprechen? Oft stand ich dabei, wenn er arbeitete und sah diesen nie nachlassenden Fleiß, weiß ich darum aber etwas von jener wunderbaren Schöpferkraft, die ihm diese Schönheit in die Hand befahl? Manchmal sprach er von seiner Kunst, ich weiß wie ernst es ihm damit war, mehr weiß ich jedoch nicht.

Das Kostbarste, was uns im Leben begegnet, ist Geheimnis. Wir haben diese schönen Bilder, haben liebe Erinnerungen, von denen wir erzählen mögen, aber mehr meine ich, sollten wir nicht sagen und nicht zu deuten versuchen.

Am Albtrauf, Ölgemälde, 100×70 cm

Als Student gereimt:

Wär' ich ein Maler einst geworden,
Wie hätt' den Pinsel ich geführt,
Wie wär' ich bis zum hohen Norden,
Im Süden auch herumspaziert,
In Alpen, Welschland und Vogesen,
Am Tiber und am grünen Rhein!
Behüt' Dich Gott! Es wär so schön gewesen,
Behüt' Dich Gott! Es hat nicht sollen sein.

Nun zähle ich zu den Juristen
Und sitz' im Kuratorium
Und lern' mit Schlauheit und mit Listen
Den Corpus juris wälzen um.
Ich sinn auf Strafen allen Bösen
Von der Gerechtigkeit ein Schein.
Behüt' Dich Gott, es wär so schön gewesen,
Behüt' Dich Gott! Es hat nicht sollen sein.

Doch statt ins Bücherwerk zu stieren
Treibt mich's in Wald und Flur hinaus.
Wohin mich die Gefühle führen,
In der Natur bin ich zu Haus.
Es greift mir ihr geheimes Wesen
In meine Seele tief hinein ...
Behüt' Dich Gott! Es wär so schön gewesen,
Behüt' Dich Gott! Es hat nicht sollen sein.

Schnee schmolz hin,
Der Frühling kam,
Des Sommers Grün
Die Blüten nahm,
Der Herbst zog ein mit Prangen.

So ist das Jahr,
Eh' kaum es war,
Flüchtig dahingegangen.

Eh' kaum ein neuer Morgen tagt,
Da ist die Nacht schon auf der Jagd
Den Tag sich zu erlegen.

Was aufgetaucht, das muß ertrinken
Im Zeitenstrome untersinken
Um sich erneut zu regen.

So überall wir vor uns sehen
An der Natur Gebärden
Das Lied von Werden und Vergehen,
Von Untergang und Werden.

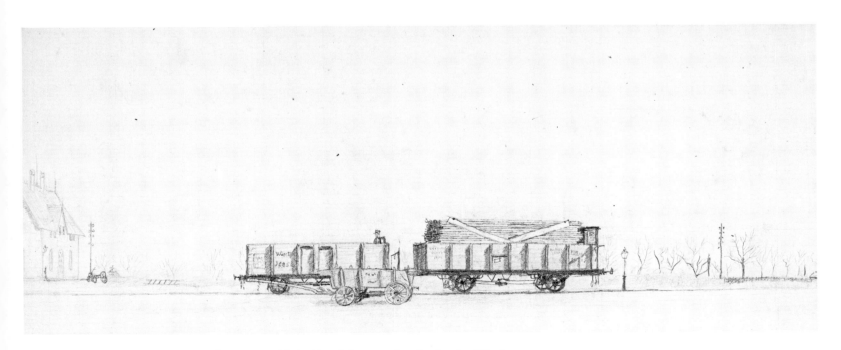

Westbahnhof in Stuttgart im Jahre 1892, Bleistiftzeichnung des Sechzehnjährigen

Der Hasenberg im Westen von Stuttgart, Bleistiftzeichnung des Siebzehnjährigen, Originalgröße

Stuttgart

Wie schön ist doch die Heimat, ist das graue
Von Bergen ringsumsäumte Häusermeer;
Wenn ich auf dich von grünen Höhen schaue,
So wünsch' ich keine andre Heimat mehr.
Tief in der weiten Mulde liegst du drunten
Gen Süd und West reckst du die Arme dein
Im Osten hält der Strom dich eingebunden
Von Süd und Westen fassen Wälder ein.
Im Grünen liegst du, grün hält dich umfangen
Und schaut der blaue Himmel obendrein,
So ist um dich ein farbenreiches Prangen,
Als könnte keine Heimat schöner sein.

Ich blicke auf den See hinein,
Er plätschert leis mit seinen Wogen,
Der Abend kommt heraufgezogen,
Ich sitz' am Ufer ganz allein.

Die Abendglocken hallen drein,
Es ist mir da, als könnt' hinieden
Auf dieser schönen Welt nur Frieden
Und reines Glück zu finden sein.

Eine Wolke klein
Schwebt' am Himmel allein,
Doch bald sie verschwand.
Da kam eine Wand
Von großen Wolken einhergeschossen,
Die kämpften und rauften schrecklich wild,
Von Lärm war alle Luft erfüllt
Und mächtig Wolkenblut vergossen.
Und wie sie all zu Grund gegangen,
Der ganze Himmel wieder frei,
Da kam mit sanft geröteten Wangen
Das kleine Wölkchen sacht herbei,
Wie's die andern sah im Kampf verdorben,
Da weint' es und ist an den Tränen gestorben.
Und über das schöne weite Land
Ein Regenbogen war aufgespannt.

An einen Freund.

Und türmen die Wolken sich noch so zu Hauf
Und rinnt auch das Geld aus den Händen:
Eine Briefmarke bringt man doch noch auf
Einen treuen Gruß zu senden.

Blick auf Friedrichshafen, die Geburtsstätte des Zeppelins, Ölgemälde, 100×72 cm

An die Gattin in Stuttgart.

Mannenbach am Untersee, 4. 9. 1909

Herzliche Grüße vom Zeppelin! Die Fahrt ging nach Staad, Mainau, Uhldingen, Meersburg, Manzell bis Lindau, so daß ich jetzt das ganze Ufer kenne. Die Reichenau ist doch das Schönste!
Später.
Wie habe ich den ganzen Tag bedauert, daß Du nicht da warst, es war wunderschön, ein blauer Himmel. Der heutige Tag gehört rot angestrichen in meinem Lebenskalender! Das Imposanteste, was unsereins auf der Welt von Menschen Geschaffenes sehen kann, ist doch der Zeppelin! Wir fuhren mit dem Schiff „Hohenklingen" einhalbzehn Uhr weg hier. In Konstanz kam die Nachricht, daß er erst um 12 Uhr aufsteige. Wir fuhren nun nach Staad, Mainau, Uhldingen, Meersburg, Immenstaad, Fischbach und legten uns vor Manzell. 12 Uhr 7 kam Zeppelin aus der Halle, ein ergreifender Anblick! Wer das nicht gesehen hat, kann sich das nicht vorstellen. Er hob sich in die Höhe und fuhr direkt 40 Meter hoch über unser Schiff weg. Wir jubelten – alle anderen 11 Extraschiffe beneideten uns – und Zeppelin winkte uns selbst zu mit seiner weißen Mütze; er drehte und zog ein zweites Mal über uns weg. Und dann ging es los, die Jagd von 12 bewimpelten Bodenseedampfern Richtung Lindau. Bei Wasserburg senkte sich das Luftschiff auf den See und nahm neue Passagiere auf und fuhr gegen Romanshorn. Die 11 Dampfer fuhren nach Lindau, unser „Hohenklingen" aber fuhr allein quer über den See, so daß ZIII wieder über uns flog und bei Lindau wieder zum Pasagierwechsel bei uns aufs Wasser ging. Nun fuhren wir wieder zurück gen Friedrichshafen und Manzell, wobei er noch zweimal über uns weg flog und dann ging's nach Konstanz, wo man zum ersten Mal landete. Papa, Mama und ich sind total verbrannt von der Sonne. Es hat zur Seekrankheit nicht viel gefehlt, da das vollgepfropfte Schiff konstant schwankte und schief ging; der eine Radkasten war immer im Wasser. Verzeih mir, ich bin ganz voll von Zeppelin! Nach der Rückkunft vor dem Abendessen habe ich gebadet, ein Böötle habe ich nicht genommen, da mußt Du zuerst da sein, denn so herumgondeln und Dich in Stuttgart zu wissen, bringe ich nicht zuwege.

Gelegentliche Aufzeichnungen

… Humor ist eine Begabung, die einem vom lieben Herrgott geschenkt ist, ebenso wie die philosophische Begabung. Sie ist etwas unendlich Feines. Wenn eine philosophisch veranlagte Natur das, was in uns und außer uns ist als Objekt betrachtet und am Ende auf granitene fast unbegreifliche Urgesetze stößt und dann das stets Rätselhafte mit einem feinen Lächeln, einem feinsten Lächeln andeutet, dieses Granitene, das eben solche Begabte oft mit einem abgrundtiefen Schauer erschreckt, mit einem Lächeln aufzufangen sucht, dann ist das „Humor". Im Grunde genommen ist Humor etwas Tiefernstes.

… die Kunst auf den Begriff zu bringen, bemüht sich wohl jeder Künstler. Die Definition der Konversationslexika sind alle samt und sonders nicht bloß einseitig und beschränkt, sondern auch falsch. Sie geben sich außerdem nur mit der bildenden Kunst im engeren Sinn ab, das heißt mit Malerei und Plastik, bleiben mit der Definition im „Handwerk" stecken und mengen das Kunstgewerbe mit hinein. Kunst ist Kunst, und Kitsch ist Kitsch. Kitsch ist niemals nur ein Minimum von Kunst, sondern Kitsch ist eben keine Kunst. Wo finge sonst die Kunst an, wo hörte sie auf? Das Wesentliche mit bei der Kunst ist das Schöpferische, wo dieses fehlt ist keine Kunst, selbst wenn vielleicht etwas Schöpferisches dabei sein könnte, wie oft beim Kunstgewerbe. Mechanische Nachahmung, mechanische Spielerei ist keine Kunst. Kunst ist schöpferisch, aber schöpferisch ist noch nicht Kunst. Bei Definitionen möge man mathematische Gleichungen beiseite lassen. Entweder ist ein Bildwerk Kunst, oder es ist keine. Graduelle Unterschiede haben mit dem Begriff Kunst nichts zu tun. Ein Spitzweg „enthüllt" Kunst und ein Michelangelo. Zwischen beiden besteht ein riesiger Unterschied. Man kann aber nicht sagen, M. „enthüllte" mehr Kunst als S. Ich sagte oben, daß mit dem Schöpferischen allein die Kunst noch nicht da sei. Es kommt nämlich noch etwas Wesentliches, ganz Charakteristisches hinzu: die Kunst schlägt eine Brücke vom Diesseits zum Jenseits. Wo diese Eigenschaft nicht vorhanden ist, da ist eben keine Kunst. Entweder wird diese Brücke geschlagen oder nicht und sie taucht nicht einfach in einem schönen Augenblick auf, wenn etwas in „höhere" Sphären gehoben wird. Man kann sich die Sache doch nicht so vorstellen, daß auf einer Stufenleiter auf einmal die Kunst anfänge und daß auf der obersten Stufe mehr Kunst sei als unten. Mit solchen Gedankengängen kann ich mich nicht abfinden als Künstler.

Die Rheinbrücke in Konstanz 1913, Bleistiftzeichnung, Originalgröße

An die Familie in Karlsruhe.

Insel Reichenau, 30.4.1920

Glücklich auf der Insel. Alles gut angetroffen. Als ich an den Brunnen ging (damals gab es auf der Insel noch keine Wasserleitung), hing ich zuerst den Eimer hin und pumpte. Der erste Pump ging schrecklich schwer, dann kam ein unnennbares Geräusch und etwas mit dem Auge nicht Faßbares schwirrte in den Eimer, wie ein Hexenspuk war es. Eine Fledermaus schlief im Brunnenrohr und wurde von mir aus dem Schlaf gepumpt.

Prachtvoll, wunderbar sind die rosa Bäumchen rechts und links der Staffel, die wir versetzen wollten, wie ein Märchen-Rosenstrauß, wir haben sie noch nie blühen sehen. Es blüht und grünt und ist unser und wir sahen es nie zuvor.

7. Mai 1920

Ich denke mir aus, wie nett es wäre, wenn Ihr über Pfingsten hierher kommen würdet. Haben die Kinder nicht solange schulfrei? Eine gemeinsame Tour in den Schwarzwald ist schließlich zusammen mit meiner Reise nach dorten gerade so kostspielig. Wenn ich hier bleibe, werden auch meine Studien nicht unterbrochen. Es blühen die dunkelblauen Schwertlilien und alle Tulpen. Das vordere Beet steht in vollster Pracht. Ich habe noch nicht viel gemalt, nur gezeichnet, da das Wetter oft „weißlich" wie an Ostern ist, das heißt so eine richtige unfarbige Halbsonne, also nichts für große Motive, und die Blütenbäume halten nicht, neulich verblühte mir ein Kirschbaum unter der Hand. Nachts ist es ziemlich kühl. Meine Malstube ist noch so kalt, daß ich nicht darin schaffen kann. Im Garten singt jeden Morgen ein Kuckuck.

Von D. kam ein Brief. Ein Bekannter von ihm möchte ein Bild, etwas Ähnliches wie er von mir habe, im übrigen eine sonnige Landschaft. Alle Laien wollen sonnige Landschaften! Heute kam eine Rechnung ... es ist traurig, daß man, wenn man sich Briefe schreibt, immer noch so viele Mitteilungen lediglich materieller Art machen muß.

Das mit Frau X. ist eine saudumme Geschichte. Man sagt wohl, Schaden macht klug, aber eben nur die Klugen, bei den Betörten ist nicht zu helfen ... Sie gebraucht das Kautschukwort „Herzensangelegenheit" bei allen unpassenden Gelegenheiten.

Auf Wanderschaft:

Geislingen bei Balingen   8. April 1925
Eben unterstehend während eines Gewitters. Zeichnete heute den ganzen Vormittag, beinah sieben Stunden lang das Schloß in Geislingen, das unter herrlichen Lindenbäumen steht, mit vielen Metern Umfang. Im Schloßgarten war es sehr schön, er ist entzückend angelegt, aber verwildert. Mit dem Ölbild vom Zollernschloß in Balingen wurde ich gestern nicht fertig, werde auch heute nicht fertig. War in Geislingen über Nacht.
Später: Es regnet weiter. Sitze in Balingen und warte, bis es aufhört, dann gehe ich nach Engstlatt, übernachte dort.

Wurzach   16. April 1925
Nächstens pfeife ich auf das Allgäu, gerade so, wie der Wind gepfiffen hat, als wir in dunkler Nacht durch den Wald nach Wurzach zogen, von Schloß Zeil her, da wir nirgends Quartier bekamen. Heute früh goß es. Ich zeichnete vom Adler-Wirtshaus in Diepoldshofen aus eine alte Linde, nachmittags als die Sonne kam, gingen wir nach Herbratzhofen, von wo ich Schloß Zeil zeichnete. Ich bin aber nicht befriedigt, außerdem war es so kalt, daß ich aufhören mußte. Schloß Zeil ist großartig, fürstlich, die Aussicht vom Schloßgarten märchenhaft zum Malen, umrahmt von wohlgepflegten großen Bäumen auf die schneebedeckten Berge, über denen ein tiefgraues Wolkenheer gegen Osten gepeitscht wurde.

Wißgoldingen   20. April 1925
Eigentlich sollte man hier eine Woche bleiben. Die Reiterleskapelle ist von allen Seiten entzückend. Ich saß gestern fast 11 Stunden davor, Sturm, Regen, Hitze, Kälte und Sonnenschein aushaltend. Im ganzen genommen war es wunderschönes Wetter Mindestens 60 Touristen, Spaziergänger – es war ja Sonntag – passierten die Stelle. Ich wurde aber nicht fertig, eine halbe Ölstudie und eine halbe Zeichnung – beide groß – waren das Ergebnis. Ich gehe nicht von hier fort, ehe ich nicht eines soweit habe, daß ich gut danach arbeiten kann.

Die Reiterleskapelle auf der Schwäbischen Alb, Originalgröße

Schwäbische Dorfstraße, Altdorf bei Böblingen, getönte Zeichnung, Originalgröße

Teinach-Zavelstein   15. Mai 1925

Bin begeistert vom Schwarzwald und habe alle Hände voll zu tun, bin großartig bei Forstmeister Feuchts aufgehoben, die mich zu sich aufgenommen haben in ihre Wohnung (Früher Hofrat Dr. Wurmsche Villa). Frau Feucht ist eine geborene Schüz und nahe verwandt mit Theodor Schüz, sie haben ganz entzückende Schüzsche Bilderschätze. Ich komme erst morgen von hier weg, da ich die entzückende Dorflinde mit Brunnen von Zavelstein noch fertig machen muß. Forstmeister Feucht hat wunderbare fotografische Sammlungen, selbst fotografierte Bäume des Schwabenlandes. Über meinem Bett hängen Pappeln von Niederzell (Insel Reichenau), dann der Schüzsche Apfelbaum (Staatsgalerie Stuttgart); ich hatte Teinach und Zavelstein lange nicht so in der Erinnerung mehr, jetzt wo alles in voller Blüte steht, ist's wunderbar.

Feuchts sind von reizender Gastfreundschaft und dabei sah ich an Literatur und Illustration ungemein viel Anregendes.

                     In Arbeit und Eile tausend Grüße.

Stuttgart   22. Juni 1925

Bin im Begriff nach Augsburg abzufahren. Natürlich bin ich hier noch nicht fertig (es handelt sich um ein größeres Ölgemälde: Blick auf Stuttgart, für die Stadt Stuttgart). Ich muß von Augsburg wieder hierher zurück, denn im jetzigen Zustand kann ich's nicht zu Hause fertigmachen, da mir mangels Sonnenlicht die Einzelfarben noch fehlen. Habe Heimweh nach der Insel. War gestern im Schönbuch, schwül, alles trocken, krachte mit meinem Malstühlchen zusammen. Suchte heute früh in der ganzen Stadt nach Ersatz und fand, welch Glück! nahezu dasselbe um sechs Mark bei Korbmeyer. Ziehe nun neu bestuhlt nach Augsburg. Heute nacht goß es. Hoffentlich hat es auch auf der Insel geregnet. Das Päckchen für Werner hoffe ich in Eurem Besitz. Ist das Kittele recht? Es sah so nett aus, daß ich nicht widerstehen konnte im Ausverkauf in einem Sporthaus. Ich glaube so einen Kittel kann er immer gebrauchen (zum 9. Geburtstag des Jüngsten).

                 Grüße an Alle, auch an die acht Entlein.
                              In Eile – H.

München   Oktober 1930
... von Donauwörth fuhr ich im Eilzug über Augsburg nach München, gab den Rucksack mit allem Malmaterial mit meinem Patentverschluß am Bahnhof ab und fuhr zu Tante Marie. Anderntags war Festessen bei Mea, die ganze große Verwandtschaft beisammen. Am Samstag studierte ich das Staatsmuseum und jagte noch durch die Alte Pinakothek.
Sonntag nahm ich Abschied von Tante Marie, ging zu Professor Beyerle, der mich im Auto ins Wittelsbach-Palais führte, wo in den schönen Staatsgemächern sein Seminar aufgebaut ist.

Riedenberg bei Hohenheim   27. Mai 1933
... ich bin überrascht, wie schön die Filder ist. Je älter man wird, desto mehr sieht man die Schönheit der Landschaft, und damit die Motive, an denen man in der Jugend vorüberging. Ich war schon vor Jahren in Riedenberg und habe damals diese beispiellose Großartigkeit der Landschaft nicht gesehn.

Degerloch   30. Mai 1933
Es ist immer noch schlecht Wetter, leider. Fast zum Verzweifeln. Nur am Sonntag Mittag war etwas Sonnenschein. Ich war gestern, da es fortwährend regnete, nachmittags in Stuttgart, besorgte Papier bei Martz. Am Samstag war ich nachmittags zu Fuß in Hohenheim. Es hat auch geregnet, die Landschaft war trüb, so daß ich keine erfreuliche Zeichnung fertig brachte. Ich habe erst zwei ein halb Zeichnungen ganz fertig, obwohl ich schon eine ganze Woche hier bin. Am Sonntag nach einem Gewitterregen machten wir eine Autofahrt ins Reichenbachtal zur Schlößlesmühle, von wo wir einen Waldspaziergang unternahmen. Es war schön, aber naß und dreckig. Hoffentlich scheint endlich die Sonne, daß ich arbeiten kann. Stehe morgens immer früh auf, gehe bald zu Bett und habe doch keine Sonne zum Schaffen. An Pfingsten möchte ich doch wieder bei Euch sein.

Waldheim auf dem Schienerberg   3.5.1934
Am Motiv war ich schon um 11 Uhr (nach Schiffahrt und sehr weitem Anmarsch). Fing gleich zu malen an, dreimal umringt von Schulen und Vesperbrötern. Ich wurde ganz durstig, als ich ringsum die Kinder trinken „hörte". Ich habe ein nettes Zimmer mit Veranda und Alpenaussicht auf Tödi und Glärnisch, so es klar ist. Es ist hier noch stiller und ruhiger als auf der Au. Das Motiv ist riesig. Es ist völlig ausgeschlossen, es in ein paar Tagen zu beherrschen. Es war heute morgen ein feiner graublauer Himmel mit hübschen kleineren Wolken über dem Hegau. Ich habe ihn skizzieren können, doch der Mittelgrund hat so viele Einzelheiten, daß eine Vollendung vor Natur ein Unding wäre.

                                                  4. Mai
Heute in Nebel und Nibeln eingehüllt. Gestern abend habe ich noch ein kleines Bauernhaus mit reizendem Fachwerk zu skizzieren angefangen. Das ist jetzt mein Trost bei dem Regenwetter. Ich will aber doch durchhalten bis morgen, ich hoffe, daß noch einmal ein Durchblick kommt. Morgen vor 44 Jahren wurde ich konfirmiert. (Also am 5. Mai 1890.)

Karlsruhe   November 1934
Nach vierzehnjähriger Abwesenheit wieder in Karlsruhe! Das Atelier Bühler und seine Arbeiten waren mir äußerst interessant. Er und auch Professor Czerny hielten mir unfreiwillige große Vorträge über Malgrund und Maltechnik, am liebsten hätte ich ein Papier herausgezogen und stenografiert. Alle, aber auch alle Kollegen beneiden mich, daß ich neben draußen sitze auf dem Lande und fern dem Getriebe. Es ist interessant, so von einer Stunde zur anderen in das Atelier von Antipoden zu wandern, von denen der eine nicht ahnt, daß ich vom andern komme.

Säckingen am Hochrhein   24. Juni 1935
Hast Du das Erdbeben gespürt? Ich saß heute nachmittag zeichnend im Schloßpark am Trompeterschlößchen, wo anders kann man bei der Hitze nicht sein, da schwankte der Boden. Es war ein ganz leises Schwanken und für mich kein Zweifel, daß die Erde bebte. Heute früh war es am Motiv so heiß, daß ich schließlich in den Schatten flüchtete, wo ich einen Teil des Motivs sah. Die Schweizer, die sehr nett sind, hatten Mitleid mit mir und brachten mir Zitronenlimonade naturell. Ich habe am zweiten Tag, heute, noch nicht einmal

den Hintergrund – Säckingen überm Wasser – fertiggebracht, es sind zuviel Dächer und Fenster und Kamine. Nachmittags zeichnete ich gestern und heute ein entzückendes Motivchen im Trompeterpark: Pavillon mit Terrasse und Blick zwischen Kastanien auf die Rheinbrücke, benötigte dazu zwei Nachmittage, also acht bis neun Stunden. Im „Rössle" bin ich gut verpflegt und kriege feines Münchner Bier. Es ist mordsheiß, aber Schnaken gibt es keine. Bei der Hitze ist es ausgeschlossen, die Umgebung aufzusuchen. Mein „Rössle" liegt ganz an der Brücke, wenige Schritte vom Zollamt weg, so daß ich nicht weit zum Motiv habe, nur eben über die Brücke. Hoffentlich schmeißt sie kein Erdbeben ein, bevor ich sie fertig habe. (Die alte Holzbrücke sollte anno 1935 eingerissen werden, weshalb die Stadt Säckingen sie noch vorher von Lotter malen ließ. Doch steht sie heute noch.)

27. 10. 1937

Vorgestern waren wir in Winterthur in der Privatgalerie Oskar Reinhart. Es ist die schönste Sammlung, die ich sah: vier Thomas, ein ganz wundervoller Caspar David Friedrich (Kreidefelsen auf Rügen), Holbein, Cranach, Kobell, Waldmüller, Feuerbach, Trübner, Hodler, van Gogh, Marées, Sisley, Ingres, Pissaro, Corot, usw. Heute waren wir in Buchau am Federsee! Wir sind voller Eindrücke.

München   8. Juli 1938

Ich sitze gerade in irgendeinem Bräu, vor lauter Dekoration sehe ich nicht, wie es heißt. Ich sitze da etwa gegenüber der Frauenkirche und betrachte die Münchner Physiognomien. Man meint, man müsse jeden zweiten Menschen kennen, zumindesten man müsse ihn schon einmal wo gesehen haben.

20. April 1939

… die Fahrt ging über Fulda, Bebra, die Landschaft war regnerisch grau, dagegen kam an der Bergstraße Sonnenschein. Sie prangte in solcher Blütenpracht wie ich es noch nie gesehen. Ganze Berghänge mit Aprikosen oder Pfirsich wunderbar rosa bis in die fernsten Höhenzüge. Von Heidelberg sah ich dann das untere Neckartal, entzückend, aber von der Bahnfahrt hat man relativ wenig, viele Kurven und Tunnels, so daß man mehr ahnt als man sieht. Man muß eben dort, z.B. in Neckarsteinach aussteigen. … in Heutingsheim, bei Ludwigsburg, zeichnete ich ohne Regen im Sonnenschein aber einem Ostwind, der mich keinen geraden Strich machen ließ und mir öfters den Zeichenblock an die Brust wetterte.

München   18. Juli 1939

München war sehr nett, ich war sehr vergnügt, die große Kunstausstellung war fein. Von mir hängen Capri und unsere Pappeln und außerdem ich selbst! („Capri", nach des Künstlers Urteil die „allerschönste Zeichnung, die ich je gemacht", wurde nach England verkauft. Besitzer unbekannt. Damit sie nicht verkauft werde, verlangte der Künstler einen unerhört hohen Preis – und trotzdem ging sie weg.) Tiberts (ein Kollege aus Isny) führten mich in ihrem Auto zum gemeinsamen Essen. Als ich mit Frau Tibert den Katalog durchblätterte, rief sie: Münch (ein gemeinsamer Freund) hat ja auch ausgestellt! Was hat denn der? fragte ich, und blätterte noch einmal zurück. Da stand:

Münch-Khe, Willi, Berlin:

789 Alemannischer Bauer, Pastell und Blei;
790 Der Maler Lotter, Insel Reichenau, Blei und Farbe;
791 Wilhelm von Scholz, Zeichnung.

Ich lachte laut hinaus. Wenn ich den Saal betrete, schaut mich alles an, es ist kostbar. Am Montag war ich mit Tiberts in der Ausstellung, und auf einmal war auch Münch und Frau da! Wir waren die drei Tage unzertrennlich: Tiberts, Münchs, der Hannoveraner Maler Wissel, der großartige Bilder malt, ein anderer Hannoveraner und ein Sindelfinger Fabrikant, Kunde von Tibert. Wir aßen stets zusammen zu Mittag und zu Nacht und besuchten zusammen die Neue Pinakothek und die Lenbach-Galerie, wo Tiberts Bild (mit Frau im Atelier) hängt. Ich lernte auch Professor Gradl kennen, der mich schon von weitem erkannte, natürlich nach Münchs Porträt. Du kannst Dir ja denken, was das für ein Spaß war, wenn zwei so Kerle wie Tibert und Münch sich drei Tage lang frozzeln, dabei die biedere Frau Tibert und das Quecksilber, die Frau Münch, der große Maler Wissel, der Sindelfinger Fabrikant und ich! Münch erklärte, er habe in seinem Leben noch nie so gelacht, wie in diesen drei Tagen. In der Ausstellung traf ich noch viele Bekannte. Von den etwa fünfzehntausend Malern Deutschlands haben vierhundertdreiundneunzig Künstler ausgestellt. Da hat man doch eine Freude, wenn man bei diesen vierhundertdreiundneunzig mit zwei Arbeiten vertreten ist.

An die Töchter

Isny im Allgäu Neujahr 1929

Prosit 1929! Laßt bald wieder etwas Gutes von Euch hören und lasset Zahn-, Kopf- und Zappelweh und alles Ungeschickte und Unschickliche zurück dem alten 1928er Jahr!
Bei teilweise meterhohem Schnee in herrlicher Winterlandschaft zeichne ich teils im Freien, teils vom Hause aus. Es ist hier reizend. Diese Winterlandschaft ist für mich etwas ganz Neues.

An die Tochter, die zum erstenmal in der Fremde weilt.

Es ist naturgemäß alles neu, was auf Dich einstürmt. Mit der Zeit wird Dir auch das Neue alltäglicher werden. Du merkst jetzt schon deutlich, daß eine gewisse Reife dazu gehört, sich diplomatisch unter so ganz anders Denkenden, unter Menschen mit anderer, eigentlich mit gar keiner Weltanschauung zu bewegen, da heißt es immer, immer reserviert sein und für sich zu bleiben, da kann es schon einmal passieren, daß Du Dich nicht so wohlgeborgen fühlst, wenn Du von den Menschen Deiner Umgebung attackiert wirst, weil diese es oft recht genieren wird, wenn sie merken, daß Du anders bist und ein anderes Elternhaus hast. Für Dich wird es in Deiner Umgebung schwer sein, selbst zu stehen oder wie man sagt selbständig zu sein. Weil einem das so schwer gemacht wird, dieses Selbständigsein, dies Beharren auf dem, was man für richtig hält, sind Deine Eltern natürlich immer in Sorge. Gerade in den letzten Tagen haben wir so viel Unerquickliches gehört, wie viel frecher die Leute werden und einfach die jungen Mädchen durchweg als Wild betrachten, auf das sie losgehen können. Hüte Dich darum vor jeder Mitfahrt im Auto auch solcher mit sogenannten selbständigen Kameradinnen, vor allem derartigen. Es ist natürlich, daß die Geburtstagswünsche, die zum erstenmal an die ferne weilende Tochter gehen von ernsten Gedanken begleitet sind.

Du schreibst, daß Du den Verkehr mit Andern schwer nimmst und Dir darüber viele Gedanken machst. Man darf sich wohl Gedanken darüber machen. Du bist jetzt in einer Umgebung, die die Welt ganz anders sieht wie Du, die eine andere Weltanschauung und oft gar keine Weltanschauung hat. Im Grunde genommen kann man auch auf der Reichenau in so einer Umgebung sein, nur merkt man es da nicht so; es prägt sich nicht so im Äußeren aus. Hier wie dort fordert das praktische Leben gar oft von einem, daß man sein eigenes ureigenstes Wesen ganz im Stillen weiterpflegt und bildet und fördert, und das wird stets derjenige tun müssen, der „feinfühlig" veranlagt ist. Um nicht gar zu unglücklich sich zu fühlen, um nicht gar zu weltfremd zu werden, muß er manchmal „schauspielern", das heißt seine Feinfühligkeit verbergen. Er braucht darum noch nicht rohfühlig zu sein und er braucht auch nicht unglücklich zu sein. Im Grunde genommen gibt es recht wenig Mitmenschen, die einem wirklich auf „länger" etwas sind und sein können. Früher oder später kommt ein Egoismus zum Durchbruch, zum mindesten andere Interessen. Andererseits ist kein Mensch so rohfühlig, daß nicht irgend ein nettes Züglein irgendwo zu entdecken wäre, oder irgend eine Begabung, eine Geschicklichkeit, von der man lernen könnte; so kann man oft auf kurze Zeit mit Genuß (mehr oder weniger Genuß) mit Mitmenschen plaudern, die ganz verschieden von einem sind, mit denen man gar nichts gemeinsam hat, die einem von Haut und Haar nichts angehen, die man innerlich überhaupt nicht an sich herankommen läßt. Das Verhältnis zu den meisten Mitmenschen ist eine rein praktische Frage, darum braucht man sich auch dadurch nicht innerlich beunruhigen zu lassen. Und wenn man draußen in der „Fremde" oft zuerst es vermißt, sich „aussprechen" zu können, „innere Anteilnahme" entbehrt, so vermißt man etwas, was man sich gar oft eingebildet hat. Später im Leben merkt man erst, oft nach Jahren, wie viel oder wie wenig an dieser inneren Anteilnahme anderer gewesen ist, wie oberflächlich, nichts-

Isny, getönte Zeichnung, 29×15 cm

sagend, äußerlich und oft nur um Langeweile zu vertreiben diese Anteilnahme war. Wo blieben die vielen, vielen Freundschaften, die man in der Jugend gehabt; wären sie wirklich alle wahr, würde auch die Treue nicht fehlen und man hätte eigentlich je älter man wird, ein ganzes Haus voll „unentbehrlicher" Freunde. Im Grunde ist man mehr oder weniger einsam. Wenn dies einem in der Fremde zunächst zum Bewußtsein kommt, braucht man nicht darüber unglücklich zu sein, vielmehr soll man sich über die wenigen Augenblicke und die kleinen Resonanzen freuen, die – gerade die Feinfühligen spüren das – oft plötzlich wie ein Wetterleuchten bei Mitmenschen auftauchen, die einem garnichts weiter sind. Freut man sich über so etwas, kann man auch unbefangen und ungezwungen, wenn es sein muß, mit denen verkehren – äußerlich und ganz nett – die aus ganz anderem Holz geschnitzt sind und mit denen man eigentlich Mitleid haben müßte, Mitleid ob ihrer Leere.

... sei recht vergnügt und behalte Deine Anschauungen und lasse sie nicht durch die „Umgebung" abstumpfen. Wenn man auch manchmal mit den Wölfen heulen muß, so braucht man noch lange kein Wolf zu werden. Die Perle hat man im Brustbeutel und wirft sie nicht vor die Säue!

Insel Reichenau   Sommersonnwende 1939
Unsere Fahrt nach Genf war großartig, famoses Wetter, See und Gebirge in unvergleichlicher Pracht. Und die Ausstellung der spanischen Meisterwerke ein Erlebnis erster Güte.

Roger von der Weyden ganz besonders, von Rubens ganz Großartiges und Velasquez überwältigend. Auch Goya! Tizian und Raphael, außerdem Patinir!
Der Völkerbundspalast war sehr interessant. Wir fuhren 390 km von Konstanz nach Genf, von Zürich ab im Blitzzug.

Auf einer Ansichtskarte von Maulbronn
an die kleine Tochter   10. 7. 18

Da drinnen steht ein Brunnen,
der ist aus *einem* Stein.
Das Wasser drin sprudelt und plätschert
tagaus und plätschert tagein.
Und es hat gestern geplätschert
und plätschert noch Jahre fort,
bis der Vater dich einmal führet
an diesen entzückenden Ort.
Bloß mußt du ihn dran erinnern
in des Maien goldner Sonn,
mußt sagen: lieber Vater
geh' mit mir nach Maulbronn.

Die zwei Buben Lotter.

Die kleine Zeichnung mag um das Jahr 1920 entstanden sein. Der ältere der Buben sitzt behaglich auf der Treppe, schaut zum See hinunter, der kleinere, lebhaftere steigt ins Boot, da ist er dem See und seinen Lieblingen, den Wasservögeln, näher.

Hier wuchsen sie heran, am See, auf dem See und sommers im See, konnten sich nie genug tun mit Baden und Schwimmen und Segeln. Als sie kaum erwachsen waren, forderte sie der zweite Weltkrieg. Im September 1940 stürzte der ältere, der Flieger, über England ab, ein Jahr später verblutete das Nesthäkchen der Familie in Rußlands Weiten. Der Vater, zart und empfindsam überdauerte diesen Schmerz nicht. Kurze Zeit nach der zweiten Todesnachricht erlag er einem Herzschlag.

Wenn in des Lebens Wandel dir
Etwas Schönes kommt entgegen
Und sei es noch so unscheinbar,
So mußt du's sagen und pflegen!
Und wenn dir was trübes kommt in den Weg
So darfst du nicht locker lassen,
Bis es dein Herz, dein Seele, dein Geist
Im tiefsten Grund kann erfassen.
Und wenn etwas Heiteres begegnet dir,
So lach und freu dich ohn' Sorgen,
Doch lasse nicht ab, bis du erkannt,
Was für Tiefen dahinter verborgen.
Und wenn was Liebes und Gutes dir
begegnet in deinem Leben,
So denk, was die Mutter dir Liebes gibt,
Was Besseres kann niemand dir geben!

Deiner lieben Tochter Lore zum 29. August 1916
von ihrem tr. Vater.

Aus dem Album der Tochter,
San Fruttuoso an der italienischen Riviera, Originalgröße

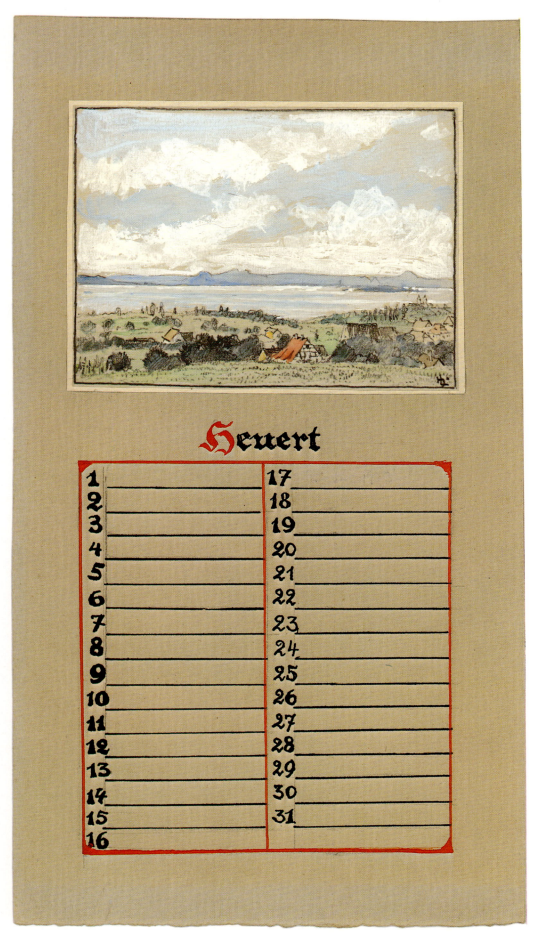

Kalenderblatt Heuert, „Insel Reichenau", Originalgröße

Einst stand auf dem Wunschzettel der einen Tochter: Geburtstagskalender! Ich werde ihn machen, entschied der Vater. Und mit der Mutter wurde erwogen, für welchen Monat was wohl am treffendsten sei. Unter dem Christbaum lagen dann diese Zwölf Blätter:

HARTUNG
„Die Hochwart auf der Insel Reichenau"
Der Lieblingsspaziergang am Neujahrsmorgen.

HORNUNG
„Geburtsstadt Stuttgart"
Marktplatz mit Lotterhaus.

LENZING
„Der See" und ein Bootchen
mit Blick zum Hegau.
Ein Vorfrühlingstag in zartestem Blau.

OSTER
„Reiterleskapelle"
auf der Schwäbischen Alb.
Ziel einer Osterwanderung.

WONNEMOND
„Die Allee durch das Ried"
Reichenau–Konstanz, der tägliche Schulweg.

BRACHET
„Universität Tübingen"
die Examensstadt.
Im Juni der Doktor magna cum laude.

HEUERT
„Insel Reichenau", das Ferienparadies.

ERNTING
„Mühlen am Julier"
Silberhochzeitsreise der Eltern
mit allen Kindern.

SCHEIDING
„Der Pilatus"
Herbsttage auf der Rigi.

GILBHART
Nach Sommerszeit wieder in
„Karlsruhe".

NEBLUNG
„Sanssouci"
Zum 1. Mal in Berlin
und beim Alten Fritz.

JULMOND
„Lottergarten im Schnee"
Weihnachten daheim.

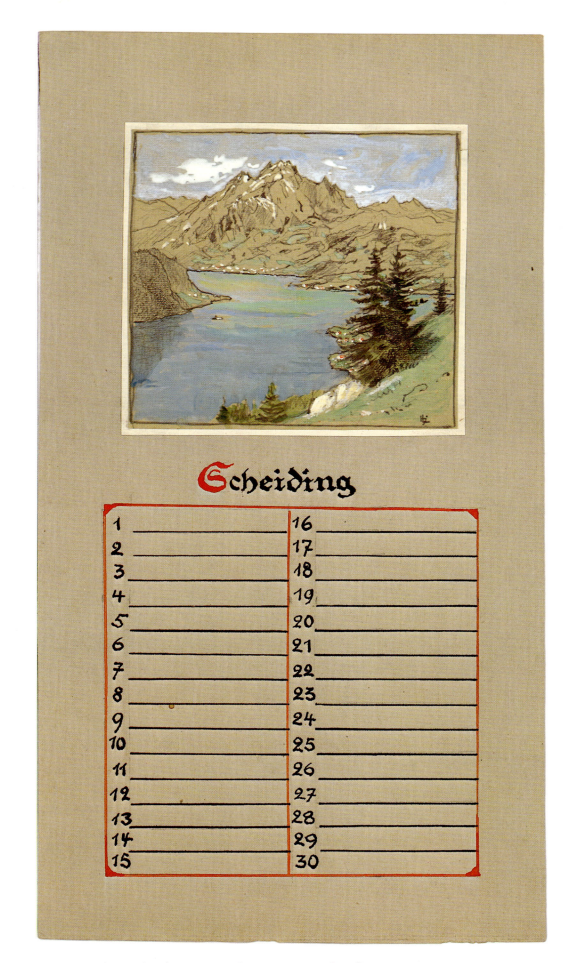

Kalenderblatt Scheiding „Der Pilatus", Originalgröße

Der Vater.

Wenn der Vater an der Arbeit war und man trat unvermutet zu ihm hin und sagte ihm irgend etwas, weil jemand da war, der einen Bescheid brauchte, erhieltst du nur ein abwehrendes Ja, Ja zur Antwort, oder ein Gemurmel, das alles heißen konnte und du merktest wohl, er hat gar nicht verstanden, was du sagtest, so tief war er in seiner Arbeit ... Saßen aber die Kinder über einen Atlas gebeugt und stritten sich, ob denn der Rhein oder die Donau der bedeutendere Strom sei, dann setzte sich der Vater wohl geschwinde dazu, erzählte von der weiten Welt und reiste mit ihnen kreuz und quer auf der Landkarte herum; oder er stellte Lichter auf und wanderte um den Tisch, den Globus in Händen, spielte mit den Kindern Sonne und Mond und Planeten, die Bahn der Himmelskörper anschaulich darstellend. Die Mutter konnte unzählige Male herbeikommen, zum Essen rufen oder mahnen, es sei längst Bettgehzeit, der Vater meinte nur, es sei auch wichtig, daß die Kinder am Himmel richtig Bescheid wüßten, und frohlockend stimmte die Schar der väterlichen Meinung bei.

So war unser Vater!

Wurde eine Wanderung gemacht, mit allen Kindern natürlich, und der Vater hätte schließlich mit Recht zuerst müde sein können, weil er nicht nur die Kinder führte und über Bäche hob und von Felsblöcken herunter hüpfen ließ, den Kleinsten dazu streckenweise auf seinem Rucksack trug, sondern weil er zwischendurch zeichnete und der vorausgegangenen Familie nacheilte, so war er auf dem Heimweg doch noch der Munterste, lief unentwegt voraus und legte heimlich auf die Tännchen am Wege Zucker oder Schokoladestückchen, der müden Schar das Märchen erzählend, es wüchsen Schokoladebäumchen im Schwarzwald. Wie war da alle Müdigkeit der Kinder verflogen, sie hüpften und sprangen, daß der Vater Mühe hatte, so schnell vorauszukommen um heimlich neue Schokoladebäume in den Wald zu zaubern.

Seht, so war unser Vater!

An Weihnachten, ein paar Tage vor dem Fest, wenn die Bestellungen erledigt und die letzten Bilderkisten abgegangen waren, stellte der Vater sogar die Staffelei beiseite, räumte Pinsel und Farben weg, holte unzählige Brettchen und Leim und Nägel herbei, dazu allerlei Raritäten, die er das Jahr hindurch heimlich gehamstert hatte, und es wurde geschreinert, geschnitzt; ein ganzes Dorf hat er aufgebaut im Laufe der Jahre, ein Puppenschloß mit Turm und Wendeltreppe, ein Dampfschiff auch mit großen Schaufelrädern – und eine Postkutsche, die noch von der Bastellust des Großvaters zeugte, wurde gelb lackiert mit dem Wappen der Thurn und Taxis auf dem Wagenschlag geschmückt – zu jedem Weihnachten kam eine neue Überraschung dazu.
War Vater unterm Jahr in einer großen Stadt gewesen, in Stuttgart, München oder Berlin, und er erzählte nach seiner Heimkehr der Mutter in großem Eifer von Begegnungen und Erlebnissen, dann konnte es geschehen, daß er alles Wichtige unterbrach, beseligt lächelte, ein kleines Spielzeug aus der Tasche zog, es liebevoll betrachtete und triumphierend verkündete: sieh das habe ich gefunden für das nächste Weihnachtsfest!

So, so war unser Vater!

Kam Vater von einer Malreise zurück und wir waren neugierig um ihn versammelt um die Schätze seiner Zeichenmappe zu bewundern und waren beschämt von seinem Fleiß, und Mutti sagte strahlend, wie viel Schönes hast du wieder mit heim gebracht, dann schaute er uns ringsum schmunzelnd an und sagte, so als sei es das Selbstverständlichste von der Welt: das Beste kommt noch, und holte aus Koffer oder Rucksack noch das Glanzstück seiner Reise. Jedesmal bei seiner Heimkunft hat er uns so überrascht, beglückt und beschämt.

Das war unser Vater!

Selbstbildnis, getönte Zeichnung, Originalgröße

Am Fischerstrand, Insel Reichenau, Bleistiftzeichnung, Originalgröße

Lebenslauf

1875 Heinrich Lotter wurde am 14. Oktober 1875 in Stuttgart geboren als zweiter Sohn des Bankiers und Stadtrats Carl Lotter und dessen Ehefrau Luise, geborene Preyß, aus Augsburg. Er besuchte das Karlsgymnasium seiner Vaterstadt, zeichnete und malte schon als Junge mit großem
1886 Eifer, erhielt früh Zeichenunterricht auch von Max Bach, der mit dem Vater zusammen ein reichbebildertes Buch: „Alt-Stuttgart" herausgab. Wie der Vater wanderte und reiste der Sohn mit großer Leidenschaft, und nichts war ihm lieber als Sommerferien am Bodensee.
1895 Dem Vater zuliebe studierte er Rechtswissenschaft, zu-
1899 erst in Tübingen, dann in Berlin und Leipzig. Er nutzte die Fahrten zum Studienort zu allerlei Umwegen nach Bremen und Wien, Hamburg und Budapest. Er wanderte in Südtirol und den Vogesen, im Schwarzwald und in der Schweiz und erst recht in der Heimat, und immer und überall war der vielbenützte Zeichenblock dabei.
Im Jahre 1905 ließ er sich in Stuttgart als Rechtsanwalt nieder und heiratete Margarete Bilfinger, die ausgezeichnet malte und zeichnete. Doch gab sie als Ehefrau ihre Liebhaberei bald auf. Das große Können des Gatten hielt sie davon ab, aber auch Mutterpflichten: fünf Kindern schenkte sie das Leben.
Schon immer drängte es Lotter zur Kunst (siehe Gedicht Seite 40), und von seiner kunstbeflissenen Frau lebhaft unterstützt, reifte in ihm der kühne Entschluß, die
1909 Juristerei aufzugeben und Maler zu werden. Namen wie Thoma, Trübner und Schönleber lockten nach Karlsruhe und er ging 33jährig an der dortigen Akademie in die
1909 Malklasse von Prof. Julius Bergmann. Die Zeichenklasse
bis wurde ihm erlassen, denn zeichnen konnte er, das hatte
1913 er sein ganzes bisheriges Leben lang geübt.
1909 Am Untersee, wo er seine Frau kennengelernt hatte, wurde auf der Insel Reichenau ein Stück Uferland erworben und ein Sommerhaus darauf erstellt, als Bleibe für den Landschaftsmaler in den Ferienmonaten. Reisen
1910 brachten Anregung und Abwechslung: An die Riviera,
1911 nach Holland und Belgien (Rubensbilder in Antwerpen!)
1913 und nach Paris, nicht nur der Meisterwerke im Louvre wegen, sondern um Licht und Luft und Landschaft der Impressionisten kennenzulernen.
1914 Ein Winter in Rom (mit der ganzen Familie) schloß die Studienzeit ab.
1914 Jetzt endlich im Frühsommer 1914, erfüllt von unzähligen Anregungen und Plänen, „den Dämon im Nacken" wie er zu sagen pflegte, begann die freie, künstlerische Tätigkeit – und währte nur wenige glückliche Wochen. Der 1. Weltkrieg brachte die Einberufung zum Wehrdienst. Bei seiner zarten Gesundheit frontuntauglich befunden, wurden dem Juristen Aufgaben bei der Heeresverwaltung in Karlsruhe übertragen. Sie verpflichteten ihn noch über Kriegsende hinaus (Reichsvermögensverwaltung).
1920 Endlich frei gekommen, wandte der 45jährige der Stadt den Rücken und bezog als Landschaftsmaler das Sommerhaus auf der Reichenau, wo es damals weder Wasserleitung noch elektrischen Strom gab, natürlich auch kein Gas, von andern Annehmlichkeiten, wie etwa Postbus ganz zu schweigen. Man war im Winter auf sein Ruderboot und auf unermüdliche Wanderbeine angewiesen. Auch der Schulweg der Kinder schuf Probleme und das Sommerhaus ließ Sturm und Kälte durch und durch. Und doch entstanden aller Unbill zum Trotz Jahr für Jahr oft Tag für Tag die schönen Bilder, auf der Insel, am See, in der näheren Umgebung, aber auch weiter draußen im Schwabenland und im Bayerischen. Eine
1927 Winterreise nach Italien, eine andere nach Jugoslawien
1928 und unzählige kleinere Malausflüge ließen den Unermüdlichen nie zur Ruhe kommen.
1935 Der 60. Geburtstag zeigte große Lotterausstellungen, zuerst im Wessenberghaus in Konstanz (etwa 140 Werke) anschließend in Karlsruhe und in Stuttgart.
1939 Nochmals ein Winter in Süditalien brachte reiche Ernte, leider ließ die Gesundheit zu wünschen übrig, einer
1940 schweren Magenoperation folgten noch einige kleine Malreisen.
1941 Im Kriege fielen beide Söhne. Bald danach am 30. Dezember 1941 verließ Heinrich Lotter diese Erde, deren Schönheit er ohne Unterlaß verkündet hatte.

Ausstellungen

Schon vor dem ersten Weltkrieg waren Lotter-Bilder in den Ausstellungen des Kunstvereins in Karlsruhe und in der Staatlichen Kunsthalle in Baden-Baden zu sehen; später und dann laufend im Wessenberghaus in Konstanz, im Kunstverein der Heimatstadt Stuttgart, Heilbronn und Pforzheim, Mannheim und Heidelberg, Speyer und Freiburg, stets auf der großen Deutschen Kunstausstellung in München, gelegentlich in Berlin, Frankfurt und Flensburg, Säckingen und Schaffhausen und anderen mehr.
Auch in Museen ist manches zu finden: Staatsgalerie Stuttgart, Städtische Sammlungen Karlsruhe, Rheinmuseum in Koblenz, Stadtmuseum Säckingen und Singen; und bei privaten Sammlern.
Der Kunstverein von Stuttgart zeigte in den Räumen des Neuen Schlosses im Sommer 1942 eine Gedächtnisausstellung mit Leihgaben aus Privatbesitz, aus Museen, öffentlichen Gebäuden und einem Teil des künstlerischen Nachlasses. (Die Schau sollte weitergeleitet werden zum Kunstverein Karlsruhe, Mannheim und als Abschluß ins Wessenberghaus in Konstanz. Doch setzte der Bombenterror ein und die Besitzer verlangten ihre Werke zurück. So wurde die einmalige Zusammenstellung auseinandergerissen und ging zum Teil für immer verloren. Gerade in Stuttgart wurde später im Bombenhagel vieles und Schönstes vernichtet.)

Verzeichnis der Bilder

5   Selbstbildnis mit Hohentwiel
6   Haus Lotter
7   Die Gattin des Künstlers
8   Das Malereck bei Langenargen
9   Rosen am See
10   Der Bruckgraben
11   Das Schwäbische Meer
12   Blick auf Friedrichshafen von Immenstaad aus
13   An der Donau
14   Harburg an der Wörnitz
15   Hof mit Wagen
16   Einsamkeit
17   Wattschiff
19   Herbstfreude
20   Immenstaad
21   Blick zur Reichenau
22   Der letzte Schnee
23   Der Lukmanier
24   Stein am Rhein
25   Dem Frühling entgegen
26   Wetterwolke
27   Der Säntis über dem Bodensee
28   Die Schiffslände der Reichenau
29   Andante
30   Der Gnadensee
30   Sommertag
31   Der Hohenklingen bei Stein am Rhein
32   Radolfzell
33   Die Insel Reichenau
34   Am Ufer der Reichenau
35   Schlößchen Hornstaad
36   Der Hohentwiel
37   Herbst auf der Alb
38   Blick auf Capri
39   Torre del Greco
41   Marina grande von Capri
43   Im Hafen von Amalfi
44   Am Albtrauf
45   Westbahnhof in Stuttgart
46   Der Hasenberg
47   Blick auf Friedrichshafen
48   Segelboot
49   Die Rheinbrücke in Konstanz
50   Reiterleskapelle
51   Schwäbische Dorfstraße
55   Isny
56   Die Buben Lotter
57   Albumblatt
58   Kalenderblatt: Reichenau
59   Kalenderblatt: Der Pilatus
61   Selbstbildnis
62   Am Fischerstrand